POESIAS DE MIM, PARA COMIGO MESM@.

Victoria Dias

Ilustração: Helena S. Melo

ISBN: 9798697387535

Poesias de mim, para comigo mesm@.

Quem lê esse livro, vai acessar ideias que muitas das vezes se originou de crises e reflexões pessoais. Já que na maioria das vezes as maiores mudanças de hábitos, rotinas e de vida se dão pelas crises existenciais que temos ao longo de nossa existência seja negativas ou positivas.

Aproveitem.

A minha poesia.
Apesar de pouca e rala,
cabe na tua boca,
dentro da tua fala.
Apesar de leve e rouca,
chora em silêncio, mas não se cala.
E apesar da língua sem roupa,
não engole papel, cospe bala.
Sergio Vaz.

Dedicação.

Dedico esse livro a todas as pessoas que tenham
vontade de
dar início a um projeto pessoal esquecido.
Além da minha mãe que me ensinou e mostrou o
gosto pela leitura,
e as demais pessoas que me incentivaram a
publicar minhas poesias.

Sumário

A DROGA DAS DROGAS

Nós vamos vivendo assim,
descontroladamente;
Dançando e cantando alegremente,
agindo de uma forma inconsequente.
Paraísos artificiais que saciam nossa vaga
mente.
Isso tudo nos prejudica e quando o efeito
passa?
Tudo muda interiormente.
Todo mundo para si mente.
Somos crentes que com essa droga
devemos viver e ela deve estar presente,
sempre!
Mas talvez tenhamos que ser coerentes,
tudo é uma droga nesse mundo indecente.
Então devemos ser mais conscientes:
Cada qual morre com a droga que os
prende.

O PODER DO NÃO

A cada não recebido,

converto o real motivo ao qual ele foi

incumbido.

Pois, um não, não pode te barrar;

Mas sim, ele pode te motivar.

Um não, não necessariamente te priva,

mas sim ele te incentiva, ele duvida.

Um não, não deve ser mal utilizado.

Todos que detém o poder do não, deve

usá-lo!

E se por sua vida inteira,

só existissem duas respostas:

Seria sim ou não?

COISA QUE NÃO DEVEM SER PEDIDAS.

Há coisas na vida que não devem ser
pedidas:
Aquele salgado que um amigo comprou;
Aquele sapato de exercício físico;
Aquele presente que você deu e a pessoa
nunca usou.

Tem coisas que não devem ser pedidas:
Talvez porque já foram perdidas.
Aquela blusa que você emprestou;
Aqueles 50 reais que você trocou;
Aquela amizade que alguém estragou.

Coisas que definitivamente não devem

ser pedidas!

Pois, só são bem-vindas se dadas de

forma legítima:

A consideração de um inimigo;

E o amor dos que não sabem o que é

isso…

Coisas que não devem ser pedidas...

EGOSSISTEMA

Saímos da cadeia alimentar,
estamos no topo da pirâmide.
Dominamos o reino animal, para reinar.

Acabamos com o ecossistema
Para saciar nossas vontades e lucrar.
Tapamos o sol com a peneira para
satisfazer caprichos fúteis.
Esse é egossistema.

Caos em torno da cidade.
Todos em busca de alguma facilidade,
não encaram as frustrações querem fugir
da realidade.
Se estiver se sentindo bem, foda-se a
sociedade!
É melhor encher a cara do que saber a
verdade.

Ele deve me amar mais do que eu,
para satisfazer meu ego
me amando acima de qualquer Deus.
Quero ficar linda e desejada.
Quero ser "o foda"e o rei da balada.

Mesmo que isso custe a vida ou a miséria
de toda quebrada.
O que adianta estar no topo da pirâmide?
Se vivemos em uma constante crise.
O sentido de cadeia alimentar mudou,
ao invés de saciar sua fome, satisfaz a
fama, a riqueza e até o nosso rancor.

V1D4

Me limito a dizer sobre a futilidade a qual
a vida foi submetida.
De tal forma que foi suprimida a mentiras
e coisas frívolas apenas para
desenvolver e satisfazer nossas sinas.

Comemoro a minha vida, pois nasci na
terra prometida!
Cheia de amor que embala nossas crias.
Crias essas jogadas nas esquinas,
obrigadas a mendigar por um pouco de
comida.

Brindo o sucesso que a sociedade obriga!
Omita sua tristeza, o que vale é entrar na
brincadeira.
Quais são suas conquistas? Finja:

Carro, trabalho, faculdade… "Que lindo
miga".

Satiriza, entre idas e vindas ela é linda.
A vida, será que a gente que complica?
Só viva, ameniza a corrida,
sorria mesmo sendo sofrida.
Pois, eu ouvi que uns nascem para sofrer
enquanto o outro, ria.

Tudo pode ser questão de ponto de vista.
Invista, só não desista, porque você foi
sentenciado a viver sua vida.

NÃO JULGAR PARA NÃO SER JULGADO.

Todo mundo só me critica.

Não sabe de nada e fala da minha vida,

isso é uma coisa das quais me irrita!

Pensam que a vida é uma rotina,

e que apenas de uma única forma deve ser

vivida.

Permita que eu diga, que se ela é minha

com certeza minhas ações nas suas, não

implica.

Qual seu sentimento em relação a minha

pinga?

O que te influência eu querer ser ou beijar

uma menina?

O que acontece é que eles falam da

gente,dos atos ou feitos "inconsequentes",

querendo de fato ter a coragem

de viver descontroladamente.

O engraçado é que quando precisamos

ninguém é santo para ajudar.

Apenas quando temos algo a oferecer é

que somos, os corajosos dignos de

aplausos.

Quando você aponta, existem três

voltados para você!

Melhor segurar a língua e não pagar para

ver.

Pois, o mundo capota de uma tal forma,

que aquele que você julgou hoje, amanhã

pode ser você.

O PODER DA PODRIDÃO

Transtorne a ordem da normalidade,

Flerte com a loucura, anseie a insanidade.

Convoco-lhe a assumir uma posição,

em relação ao seu quadro de emoção.

Atenção!

Perceba quando está agindo

automaticamente!

Sem o mínimo de noção.

Sirva-se de um pouco de insatisfação e

então:

Perceba o quão está preso a castração.

Renuncie a enquadração,

repudie a padronização!

E quem disse que a ovelha negra da

família é ruim?

Será que a vida dela não é melhor assim?

Não cabe a mim!

Certifique-se da tirania dos deveres.

Solte-se de conceitos que não sabes se
creres! Desça do muro da indecisão ou
não!

Qual o problema de habitar a dúvida?

Se a resposta matará minha pergunta!

Assuma uma postura!

Como? Com toda essa censura!

É meu irmão, o jeito é assumir:

O poder da podridão.

INCONSCIENTE COLETIVO

Entrando em contato com inconsciente
coletivo:
Pessoas interligadas através de ancestrais
místicos?
Deuses, filósofos, algo sinistro…

Conexão com corpo, alma, sentimento e
profundidade.
Por que faço o que faço e como isso se
assemelha com meu passado?
Será que está tudo interligado?

Talvez somente mudamos a moda,
mas os comportamentos continuam do
mesmo modo.

Evolução mental ou caminhamos para um
fim igual?

Mesmas espécies, mesmos hábitos se
mantém de modo atemporal!
Sem interferência de um suposto tempo
real
Ou talvez exista uma realidade surreal.

De onde saem os preceitos que temos?
Culturas diferentes, mas sempre no
mesmo eixo.
Linha do umbigo, como dizem os
orientais!
Esse é o telefone sem fio da nossa
existência humana de forma
transcendental.

QUAL É O SENTIDO?

Procuramos um sentido, um rumo…

Algo que nos mova a continuar vivendo.

Criamos deuses para acreditar que vale

apena passar por "sofrimentos".

Seguimos com convicções e doutrinas

pois, acreditamos que elas nos levarão,

ao real sentido de nossas vidas.

Construímos pequenas sinas para adorar.

Seguimos rotinas com intuitos instituídos,

pela nossa sociedade, portanto somos

movidos. Amamos alguém ou damos

fruto a alguém?

E continuamos a seguir e idealizar que
esse é o sentido a ser seguido:
Possuir ou ter alguém.

Desenvolvemos habilidades heroicas,
um tanto quanto respeitáveis e então?
Vivemos em função disso, achamos o
sentido?

Somos tão dependentes de um sentido,
que a própria sociedade foi fundada com
um propósito!
Mas imagina como seria se a vida não
fosse baseada na busca de um sentido?
O difícil é achar esse sentido.
Com base em quê? Sem referência é
foda!

EXISTIR?

Somos capazes de saber e ter consciência
que iremos morrer.
Somos a única espécie de ser vivo capaz
de saber desse fenômeno.
Porém, somos os que menos vivem.

Quando digo viver é existir enquanto
pessoa;
É florir e transparecer enquanto ser vivo.
Há pessoas que fazem de suas vidas um
grande universo de nada.

Co-existem nessa infinidade que é a vida,
pesam como uma bolha que não ecoa e
logo se acaba.

Perdidos nos caminhos em que os ventos
os levam.
Não há controle sobre si.

Chegamos a única certeza que temos,
nessa plenitude de existencialismo:
A morte.

Como a vida ela não avisa, ela apenas
acontece.
 E se ela chegasse hoje:
Você teria vivido, estando vivo?

DOCE INFÂNCIA

Após uma doce e isenta viagem,

por entre a simplicidade de não ser obrigado,

cobrado, analisado ou criticado.

Posto a prova!

Caí subitamente no abismo:

Liso, frio, escuro e sem qualquer coisa…

Sem fim, na imensidão da responsabilidade.

Agora está imposta a conduta e a falsidade!

Convocação para assumir uma postura

e deixar de lado a tão doce infantilidade.

Acorda!

É hora de pagar pela sua existência!

Ser inserido com número de identificação,

agora você próprio é quem se dá.

Preste atenção com a falta de referência,

que conquistamos na nossa adolescência e

que nos afeta no momento de fraqueza!

Inevitável a crise!

Nos dão o pirulito e depois arrancam o doce,

para nos inserir nas foices.

E tudo isso para decidirmos:

Qual destinos seguimos?

Em pleno os 18 anos não tão bem vividos,

em busca de prováveis sorrisos.

Muitas vezes que não serão nossos.

PORTE DE ARMA

Se for para se armar, que seja de amor;

Se for para legalizar, que seja o amor;

Se for para ter porte, que seja de amor.

Repetitivo e clichê?

Então, porque tem que repetir?

PULSÃO DE UMA VIDA ILUSÓRIA

Moldada e costurada pela máquina social!
Entre becos, vielas, gritaria, choros e
velas,
desenvolve-se um problema social.
Marginalizados por pertencer ao grupo,
sem direito de escolha, sem seu aval,
colocando a imagem própria em uso!
Abuso policial.
O fato de não presenciar, não quer dizer
que não existe.
Existe!
Insiste e persiste, contudo, se restringe,
a uma minoria, ou melhor,a grande
maioria,
que sustenta essa minoria que escolhe em
não querer ver
e apenas abster a toda essa tirania.
A realidade deve ser experienciada com
bases empíricas!

Mas não só as minhas e sim de toda a
periferia.
Sinaliza!
Há algo acontecendo e está sendo
encoberto,
mascarado e tem gente sendo culpado
por coisas que não o diz respeito.
Cuidado!
Nos articulam para agirmos desse jeito!
Não é porque vivemos aqui que devemos
continuar!
Essa é a pulsão de todos que vivem
"gueto".
 Mas infelizmente esse é um círculo
vicioso que tende a não acabar…

OPINIÃO

Quando emitimos opiniões excluímos
toda
possibilidade de discurso sobre
determinado assunto.
Opinião geralmente é algo que tem mais
haver
com algo subjetivo do ser, de vê e
entender o mundo.

Ora, mas nunca vi ninguém partilhar o
mundo da mesma forma,
logo penso que aquilo não se aplica a
mim.
O problema é acreditar que com sua
opinião o mundo se transforma.
Opiniões vêm das nossas experiências e
se eu não experiencio,
logo não sinto e não partilho do mesmo
raciocínio.

O problema se dá realmente ao fato de
impor a opinião!
Já que ela por si só já quebra vários
caminhos que poderiam ser percorridos,
mas não o foram...
Pois, estão limitadas a meras opiniões!

Experimente não opinar em nada por um
dia.
Se dê ao trabalho de ouvir aquela
pessoinha.
Se pensar, a opinião não seria um ato de
reafirmação de si?
Do tipo: "ei não sou insignificante, estou
aqui!"

Não ouça para punir, ouça para discutir.
Conversar para provar quem está mais
certo?
Não é uma discussão!
É só defesas de ego!

O QUE É O AMOR?

Ambivalência? É a vida, a existência.
Ambiguidade? É isso que se chamas
emoções.
Igualdade? É isso pelo que tanto lutamos.
Equidade? É algo que nem sequer
conhecemos.

O que buscamos em um relacionamento?
Será que são as questões acima?
Relacionamento é relacionar-se com um
outro eu?

 E o amor?

Será que é um enamoramento de mim
mesmo refletido no outro?
 E quando não dá certo?
Será que talvez é porque eu não esteja
bem comigo mesmo?
Então será que é amor ou apenas
egoísmo?

E quem falou em amor?
Será que relacionar-se é amor por si só?
Questionável!

Apaixonar e se relacionar é se
surpreender,
com um eu no outro.
Agora amor? Meu amigo…
Esse se explica assim como se explica:
O peso do suspiro de um bebê.

MORTE

Já parou para pensar na morte?
Que morremos a cada dia, em vários
sentidos?
Sabia que diariamente sentimentos
morrem?
Que morrem amigos, momentos e
sorrisos.
Morrem também entes queridos
 e laços para sempre esquecidos.

A todo momento o sentido de morte
muda.
Matar o tempo, matar a rotina, matar a
vida!
Rotineiramente a morte nos cruza;
Ela renasce, floresce e machuca.
A vida é uma constante morte
adormecida.

A morte não é necessariamente uma perca
pode ser uma desapropriação de si,
perceba!
Uma condenação ou um alívio de
superação.
Se faz necessário, pois tudo que se faz
vida,
há morte, morte é um processo.
Assim como a vida requer cuidado e
progresso.

Somente os corajosos morrem, renovam-
se.
A vida acontece, é incerta e existe.
Já a morte acontece, é certeza e é
constante.
Além de viver, permita-se morrer!
Qual é o sentido de morte para você?

O PODER QUE DAMOS AO OUTRO.

Inconscientemente eu permito.
Eu autorizo a introdução do outro em mim!
Disponibilizo que ele acesse minhas interioridades.
Respondo as suas provocações com sutis sim.

Dou ao outro o acesso, a minha personalidade;
Deixo que ele desencadeie as coisas que sinto.
Exteriorizo com impiedade esses sentimentos!

Pois, eu sei que ele me evoca pensamentos que eu reprimo.
Por que dou ao outro esse poder?
Deixo que acesse e provoque meus sofrimentos?

Dou essa autorização sem nem me ater,
que eu sou quem detenho e escolho as
coisas que me fazem sofrer!

Quando tenho condições e conhecimentos
sobre mim,
não permito que o outro acenda meus
fins!
Pelo contrário, analiso e reconheço que os
gatilhos mentais, eu mesmo que os
controlo e permito em mim.

DICOTOMIA DO MUNDO

A existência vem da consciência que
tenho do outro.
Na dualidade em que a vida se
encaminha,
um depende do outro, na base da
dicotomia.

O bem dentro do mal;
O feio e o bonito;
A realidade e o surreal;
O cinza e o colorido.

Tenho ciência de mim, assim que
encontro os contrastes,
que nos cercam, nos rodeiam que se
diferenciam de mim.

Só sei que estou feliz, pois já fiquei triste.

A sociedade me diz que tem que

ser 8 ou 80.

Quando, na verdade, é 50 e 50.

TREM DA VIDA

O tempo que tenho para pensar na vida,
se restringe ao vagão que me encaminha
de um inferno ao outro.
Com suaves fragrâncias de trabalhos
braçais e longas jornadas
em baixo do sol quente.

Ouço cantos sonoros que não
são de meu feitio;
Quando consigo respirar, distribuo o peso
do meu corpo em minhas pernas
e percebo o quanto estamos presos a
correntes capitais.
Quando um cotovelo me atingi;
Vejo como estamos naturalizados
com tal rotina.
Que o que mais nos alegra é encontrar um
canto vazio e aconchegante!
Em que ninguém esbarre ou
empurre você!

Enquanto tento abaixar meu braço para
evitar formigamento;
Analiso o clima lá fora, os ciclistas, o por
do sol, o rio poluído;
Aspiro o fétido cheiro de metrópole e
civilização.
Volto a realidade quando escuto um
ambulante:
Anunciando um produto de extrema
qualidade e procedência duvidosa.

Logo atrás o pedinte sem condições de
trabalhar por conta de alguma história
bem triste e comovente.
Sinto mãos me tocando, ou melhor,
empurrando, pisando, xingando…
Chegou na minha estação e
devo parar e seguir.
Afinal tenho um sistema para rodar que
não me permite,
pensar nos pequenos detalhes da vida.

INDIGNAÇÃO

Vomitando as palavras, jogando as ideias
nessa grande privada.
Privada de lazer, educação e cultura, nos
jogam um contra o outro
 e ainda diz que temos que resolver tudo
na base da conversa?
Para que é religioso, vai à igreja e reza!

Construímos a sociedade, somos parte da
maldade, do corrompimento e da fraude!
Freud já dizia, penso onde não sou,
sou onde não penso.
Temos que nos policiar para não fazer
parte do senso e nem sair do eixo.

Mas essa tirania estrutural é uma

tremenda falta de respeito!

Senão de fato um crime perfeito!

Saber que não tem domínio

sobre sua vida,

que somos fantoches

controlados por artroses,

que diariamente nos assassina!

A verdade dói? Mas ela deve ser dita,

para ser reconstruída e redefinida.

Para que possa atender as questões

psíquicas da periferia.

Jamais queremos ser as vítimas,

mas é a realidade de fato transcrita!

Pergunta lá para tia, qual milagre você faz

para sustentar sua família?

Fica a seu critério abster

ou combater toda essa tirania.

E QUEM DIRIA?

 E quem diria que em plena a pandemia,
a intolerância seria nossa maior inimiga?
Quando dizia que elegendo o coisa, era escolher o
ódio,
algumas pessoas acreditavam que era só questão
política.
E hoje vemos ele ironizar 7 mil óbitos.

Eu vi pessoas dizendo para termos empatia pela
facada;
Que se éramos contra a violência, por que
falamos bem feito?
Mas vi também, o tal, olhar as mortes e dar
risada.
 E ainda nos exige respeito?

Quando dizíamos: ele não!
Era para defender nosso direito de expressão.
Não era porquê éramos comunistas.
Hoje vemos que seus discursos, incitam atitudes
egoístas.

As pessoas que deveriam ser protegidas;
Estão sendo agredidas.
As que deveriam passar informação;
Estão sendo contidas.

E ainda querem que tenhamos empatia…
"Tadinho todos esses contratempos deve ser as
más energias!"

Vidas importam né senhor presidente?
Mas só as da sua família, dos seus entes. E daí
que morrem muitos na periferia?
Eu sou Jair, mas não sou messias!

Se jesus resolvesse voltar hoje, na cruz ele
estaria.
Na verdade, às vezes jesus se personifica;
Pode ser um médico, um enfermeiro ou um
cientista.

Convido-lhes a fazer uma reflexão:
Se Brasil acima de todos e Deus a cima de tudo,
Presidente quem é sua nação?
Falta de equidade, maturidade e empatia.
 E quem diria que não é uma pandemia que nos
mataria.

VAZIO EXISTENCIAL

Hoje amanheceu uma espécie de vazio
existencial.
Começo a acreditar que o que é real é a
tristeza, pois de fato existe!
A não ser que nos submetemos ao estado
ilusório de felicidade,
que, se pensarmos, sempre tem relação
com o verbo possuir.
Parte de mim se perdeu quando a
personificação da minha felicidade se foi.
Faço questão de enfatizar que amor e
ódio andam lado a lado;
Tal como a felicidade e a tristeza.
Então, eu escolho e prefiro sentir cada
uma em sua totalidade.
Alguém já nos falou que o sofrer é
inevitável?
Não existe o viver sem sofrimento.
Então se for para sofrer, que pelo menos
possamos escolher pelo quê!

ÓCIO PRODUTIVO

Hoje acordo disposta a vender meu
tempo!
Já que não é conveniente o tempo livre.
Qual a função do meu tempo senão
comercializa-lo?
Quero poder dizer o termo: "estou sem
tempo".

Porque assim significa que estou
enquadrada!
E melhor de tudo é que estou sendo
remunerada!

O que é o tempo senão instantes,
preciosos por sinal.
Muitas vezes banalizado pelo social;
O que faço no meu tempo livre, senão
produzir?

Ao contrário do que se pensa, o que
querem nos roubar é nosso tempo.
Tempo é dinheiro, logo o termo: ócio
produtivo.
Ocupam nosso tempo com futilidades e o
reduzem a lucros,
pois, o termo desocupado implica em
refletir, pensar e se autoconhecer.

E claro, isso não é interessante para os
negócios…
Pensar é de graça, mas requer tempo e
não podemos nos (dispor) de algo que
não lucra.

QUEM SOU EU?

Essa não é uma poesia, ou pode ser que seja, já que nos olhos certos somos eterna poesia.

Sou Victoria Dias, estudante de psicologia, tenho 21 anos e esse foi meu primeiro livro de poesias, um compilado de anos escrevendo e criando. Já participei de saraus e de slam interescolar, onde fiquei em terceiro lugar com a poesia *"Droga das drogas"*.

Poesias de mim, para comigo mesm@, propõe uma reflexão no modo como estamos sendo no mundo, além de fazer pensar como o mundo também está sendo para nós.

Espero que tenha aproveitado sua leitura e que de alguma forma, alguma dessas poesias possam ter te tocado de algum modo. Até a próxima!

AGRADECIMENTOS

Agradeço sobretudo a poesia;

Aos poetas e poetisas;

Que traduzem o mundo de forma

Tão deliciosa e que faz valer apena

Se encantar pelas rupturas da vida.

Viva a poesia.